COLORES DE LA PRIMAVERA Crayola

Jodie Shepherd

ediciones Lerner ◆ Mineápolis

Producto autorizado oficial
ediciones Lerner
Una división de Lerner Publishing Group, Inc.
241 First Avenue North
Mineápolis, MN 55401, EE. UU.

Si desea averiguar acerca de niveles de lectura y para obtener más información,
favor de consultar este título en www.lernerbooks.com

El texto del cuerpo principal es Billy Infant Regular 24/36.
El tipo de letra proporcionado por SparkyType.

Library of Congress Cataloging-in-Publication Data

Names: Shepherd, Jodie, author. | Lopez, Giessi, translator.
Title: Colores de la primavera crayola / Jodie Shepherd ; la traducción al
   español fue realizada por Giessi Lopez.
Other titles: Crayola spring colors. Spanish
Description: Minneapolis : ediciones Lerner, [2018] | Series: Estaciones crayola | Audience:
   Ages 4-9. | Audience: K to grade 3. | Includes bibliographical references and index.
Identifiers: LCCN 2017051982 (print) | LCCN 2017059579 (ebook) | ISBN 9781541510388
   (eb pdf) | ISBN 9781541509542 (lb : alk. paper) | ISBN 9781541526488 (pb : alk. paper)
Subjects: LCSH: Spring—Juvenile literature. | Seasons—Juvenile literature. | Crayons—
   Juvenile literature.
Classification: LCC QB637.5 (ebook) | LCC QB637.5 .S5418 2018 (print) | DDC 535.6—dc23

LC record available at https://lccn.loc.gov/2017051982

Fabricado en los Estados Unidos de América
1-43942-33963-2/21/2018

TABLA DE CONTENIDO

LA NATURALEZA EN LA PRIMAVERA

¡La primavera ya está aquí! El tiempo se pone cálido. Puedes encontrar afuera césped verde fresco, un sol amarillo, y flores color rosado brillante.

¡Mira a tu alrededor!

5

Incluso antes de que toda la nieve se haya derretido, las flores empiezan a brotar.

Algunas flores muestran sus colores antes que las otras.

7

En la primavera, nuevas plantas salen de la tierra suelta color **café** y abren sus hojas **verdes** al sol.

Puedes añadir textura a tus dibujos con muchos puntitos para que parezcan tierra.

El suelo está cubierto de colores suaves como púrpura, rosado y amarillo.

¿Qué color de flores puedes ver donde vives?

LOS ANIMALES DE LA PRIMAVERA

Muchos bebés animales nacen en la primavera. **¡Oink!** Un cerdo rosado gordito explora el mundo por primera vez.

Las aves ponen huevos en la primavera.

14

Puedes crear sombras con crayones.

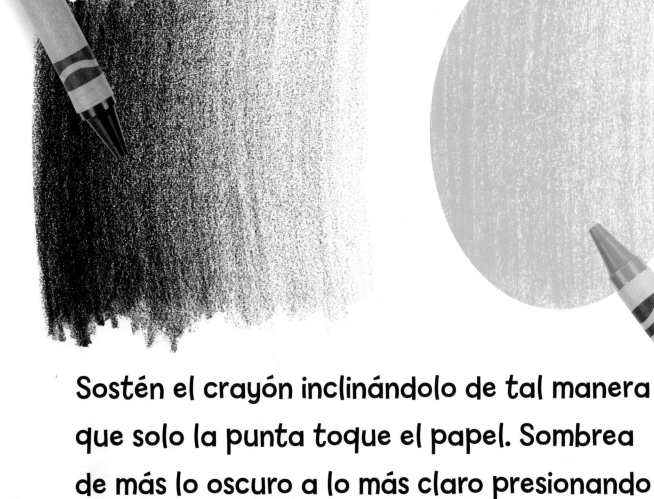

Sostén el crayón inclinándolo de tal manera que solo la punta toque el papel. Sombrea de más lo oscuro a lo más claro presionando más fuerte o más leve.

Las mariposas revolotean de flor en flor.

Esta monarca tiene alas color naranja y negro.

Las alas en una mariposa tienen simetría. Esto significa que cada lado es igual. ¡Intenta dibujar una mariposa usando simetría!

EL CLIMA EN LA PRIMAVERA

¡Plas!

Las flores y los animales de
la primavera necesitan lluvia.
Cuando vuelve a salir el sol
¡puede salir un arcoíris!

Los días se vuelven más largos y cálidos. El sol dorado se vuelve más brillante.

¡Prepárate para los colores del verano!

MUNDO DE COLORES

¡La primavera es muy colorida! Estos son algunos colores de crayones Crayola® que se utilizaron en este libro. ¿Puedes encontrarlos en las imágenes? ¿Qué colores ves en la primavera?

PALO DE ROSA

AMARILLO

VERDE

ROSADO CLAVEL

VERDE PRIMAVERA

AZUL TURQUESA CLARO

LAVANDA

VERDE ORUGA

AZUL CIELO

MELÓN

VERDE AMARILLO

VIOLETA INTENSO

CANARIO

MANZANA VERDE

CASTOR

GLOSARIO

explorar: viajar y mirar alrededor para descubrir cosas

gordito: pequeño y redondo

revolotear: desplazarse moviendo las alas rápidamente como una mariposa

sombrear: crear una sombra

sombra: área sombreada que se crea cuando se bloquea la luz

tierra: la capa superior de la Tierra. Las plantas crecen en la tierra.

simetría: tener dos lados o mitades que son iguales

textura: cómo se siente algo cuando lo tocas

PARA APRENDER MÁS

LIBROS

Brocket, Jane. *Rainy, Sunny, Blowy, Snowy: What Are Seasons?* Minneapolis. Millbrook Press, 2015. Lee este colorido libro para aprender acerca de las cuatro estaciones.

Enslow, Brian. *Spring Colors*. Berkeley Heights, NJ: Enslow, 2012. ¡Descubre más colores de la primavera en este divertido libro!

Fogliano, Julie. *When Green Becomes Tomatoes*. New York: Roaring Brook, 2016. Celebra las estaciones a través de los poemas e ilustraciones de este colorido libro.

SITIOS WEB

Títeres de dedos de mariposas
http://www.crayola.com/crafts/butterfly-finger-puppets-craft/
Mira este sitio web para diseñar y crear tus propios títeres de dedos de mariposas.

Planta un jardín
http://kids.nationalgeographic.com/explore/nature/plant-a-garden
Aprende como plantar un jardín de primavera con los consejos de este sitio web.

ÍNDICE

AGRADECIMIENTOS DE IMÁGENES

Las imágenes en este libro son utilizadas con el permiso de: © iStockphoto.com/Moncherie, página 1; © iStockphoto.com/stanley45, página 2; © Smileus/Dreamstime.com, página 5; © iStockphoto.com/Ekspansio, página 6; © iStockphoto.com/islandgirl59, página 7; © iStockphoto.com/bo1982, página 8; © iStockphoto.com/zzve, página 9 (girasoles); © Famveldman/Dreamstime.com, páginas 10-11; © Volodymyr Burdiak/Shutterstock.com, páginas 12-13; © Lost Mountain Studio/Shutterstock.com, página 14; © iStockphoto.com/JillLang, página 16; © iStockphoto.com/Imgorthand, página 19; © iStockphoto.com/Savushkin, páginas 20-21.

Portada: © iStockphoto.com/AlexRaths.